ДЛЯ ДЕТЕЙ, КОТОРЫЕ...

СТРЕМЯТСЯ ПРОТИВОРЕЧИТЬ ВЗРОСЛЫМ
«НЕ ХОЧУ, НЕ БУДУ»
(ИНОГДА ВПЛОТЬ ДО ГРУБОСТИ)

АКТИВНО НАСТАИВАЮТ НА ВЫПОЛНЕНИИ
СВОИХ ЖЕЛАНИЙ

ЛЮБЯТ НАРУШАТЬ ПРАВИЛА

НЕОРГАНИЗОВАННЫ, ЗАБЫВЧИВЫ

ОБКУСЫВАЮТ РУЧКИ, КАРАНДАШИ

ОНИ ВИДЯТ МИР ТАК:
«Я ЧУВСТВУЮ СЕБЯ НЕУВЕРЕННО, МНЕ
НЕ ХВАТАЕТ СВОБОДЫ, Я ЗАВОЮЮ ЕЕ»

Электронные версии книг на сайте
www.prospekt.org

ПРОСПЕКТ

Москва
2020

УДК 82
ББК 88.8
Х98

Электронные версии книг
на сайте www.prospekt.org

Авторы:
Хухлаев О. Е., профессор Московского городского психолого-педагогического университета (МГППУ);
Хухлаева О. В., профессор Московского городского психолого-педагогического университета (МГППУ).

Хухлаев О. Е., Хухлаева О. В.
Х98 Светофор : терапевтические сказки. — Москва : Проспект, 2020. — 32 с.

ISBN 978-5-392-30900-9

В книге представлены терапевтические сказки, которые призваны сформировать у детей 5–10 лет больше усидчивости и организованности в решении каких-либо жизненных ситуаций. Часто дети могут быть слишком требовательны и упрямы в выражении своих желаний, что в будущем может доставить им массу проблем. Сказки направлены помочь им понять, что грубость и непослушание — это неверный способ завоевания внимания и отстаивания своей позиции, а также быть более внимательными к близким и учитывать, что есть правила, которые нужно соблюдать.

Сказки позволят детям решить многие жизненные трудности на понятном для них языке, а взрослым — лучше понять детский мир, его особенности.

Книга будет полезна родителям, а также педагогам и психологам, работающим по новым федеральным государственным образовательным стандартам.

УДК 82
ББК 88.8

Научно-популярное издание

Хухлаев Олег Евгеньевич,
Хухлаева Ольга Владимировна

СВЕТОФОР
ТЕРАПЕВТИЧЕСКИЕ СКАЗКИ

Подписано в печать 01.10.2019. Формат 60×90 $^{1}/_{16}$.
Печать офсетная. Печ. л. 2,0. Тираж 2000 экз. Заказ №1713

Знак информационной продукции
(Федеральный закон № 436-ФЗ от 29.12.2010 г.): 0+

ООО «Проспект»
111020, г. Москва, ул. Боровая, д. 7, стр. 4.

Отпечатано с готового оригинал-макета
в ГУП МО «Коломенская типография».
ИНН 5022013940. Тел.: 8(496) 618-69-33.

ISBN 978-5-392-30900-9

Светофор

Жил-был светофор, которому очень надоели Правила уличного движения.

— Почему всегда нужно соблюдать правила? Кто их придумал? — жаловался светофор. — Скучно так жить. Каждый день одно и то же. Зелёный — все идут. Красный — стоят. Попробую я сломаться, — решил светофор, — хочу посмотреть, как машины сталкиваться будут и на людей наезжать.

Но как только ломался светофор, тут же приезжал мастер и чинил его.

— Никакой свободы. Всё за меня другие решают. Сколько времени красному светиться, сколько зелёному. От меня ничего не зависит. А что я могу делать сам? — думал светофор.

Думал он, думал и придумал.

Попросил он Петьку из соседнего дома, который на все руки мастер, поставить на него пожарную сирену. И вот загорается зелёный — только люди по переходу идти начинают, как сирена завоет. Люди пугаются, назад бегут, падают. А светофор радуется. Хохочет.

Потом попросил Петьку яму прокопать посередине дороги. Теперь в дождь, когда машины мимо несутся, они пешеходов грязью заляпывают.

— Вот весело! Теперь я стал совсем свободным, — подумал светофор, — хочу людей пугаю, хочу грязью обливаю.

Но в один прекрасный день приехал мастер, снял светофор и увез его на свалку. Слишком часто стали жаловаться на него люди, что не работает он как надо.

Долго лежал там светофор и грустил. Много дум передумал.

Что такое свобода, что можно решать самому, а что не стоит. И что важнее — свобода или нужность, полезность окружающим.

Пока думал, и не заметил, что рядом ходит какой-то человек и бормочет:

— Как же мне среди этого хлама хороший светофор найти? Так хочется для ребят сделать площадку, чтобы учить их Правилам уличного движения.

— Я, я, возьмите меня, — закричал светофор.

— А ты не поломанный? — спросил его человек.

— Нет, я вполне исправный, — сказал светофор. — Я просто считал, что быть свободным — значит нарушать правила. Но какие-то правила всегда необходимы в жизни. Теперь я понял это.

Так наш светофор оказался на детской площадке. Ребята водят там свои маленькие автомобили. А светофор управляет ими — решает, когда им остановиться, а когда продолжать путь. Его решения важны и полезны детям, и они любят свой светофор.

Козлёнок, у которого не росли рожки

Ты, конечно, знаешь, что у всех козлят есть рожки. Они бодаются ими, когда шалят и играют. Так приятно бодаться рожками! А если рассердятся на кого-то, то могут боднуть и посерьёзнее.

А у нашего козлёнка рожки почему-то не росли. Тем более обидно, что козлёнок был очень правильный. Он почти не шалил, не говорил плохих слов, слушался взрослых и всегда мыл копытца перед сном.

Никому не говорил козлёнок о своей обиде. Не хотел расстраивать родителей, не хотел казаться слабым. Другие же козлята забывали о том, что он без рожек. Разыгравшись, они бодали его. А он не мог им ответить. Конечно, он мог лягнуть их копытом — они у него были сильными. Но ведь это же не по правилам. А правил козлёнок никогда не нарушал. Только злился на остальных, хотя сам старался этого не замечать.

— Всё хорошо, всё хорошо, — шептал козлёнок.

А внутри у него кипела буря обиды, злости, недовольства собой.

Только громким хохотом мог козлёнок проявить свои чувства, поэтому очень любил юмористические передачи. С радостью присоединялся к смеющимся ребятам на уроке. И казалось, никак не мог остановиться.

Радовал его почему-то звук разбивающейся посуды. Когда козлёнок Петька поднос со стаканами уронил на пол. Да ещё и сам облился, наш козлёнок 3 урока спустя успокоиться не мог.

А так в целом он был вполне хороший. Только ручку всю обкусывал.

— На тебя ручек не напасёшься, — говорила мама.

Да вещи постоянно забывал. Мама его и за это сильно ругала. Да и учительница тоже. Как-то раз в школу он чуть без портфеля не пошёл. Хорошо, мама подсказала.

Так бы и жил наш козлёнок долго, но по правилам их школы в конце каждого года у всех козлят измеряли рожки. Тех, у кого они подросли, переводили в следующий класс. Козлят с маленькими рожками оставляли ещё поучиться в этом же классе.

А что мерить нашему козлёнку, если у него их вообще нет?

Переполнили козлёнка обида и злость, отчаянье и...

— Не хочу я соблюдать ваши правила, — закричал он. — Не буду больше прятать свои чувства. Пусть считают, что я злой, но я буду злиться столько, сколько захочу. Хочу...

Долго и громко говорил всё наш козлёнок о своих желаниях. А когда остановился, то заметил, что человек, который измеряет рожки, смотрит на него с удивлением.

— Что злишься понапрасну, — сказал он.— Уж у тебя-то рожки длиннее всех выросли.

Подошёл козлёнок к зеркалу. И впрямь — на его головке красуются красивые длинные рожки.

— Значит, я сам им расти не разрешал, — подумал козлёнок. И побежал к ребятам. Как здорово, когда у тебя есть рожки и ими можно бодаться с окружающими.

Девочка и строгая учительница

Далеко-далеко за горами жила девочка, похожая на тебя. Так же как и ты, она по утрам чистила зубы и собиралась в школу. Мечтала о пятёрках. Но часто получала тройки. Хотела быть хорошей, но иногда выкрикивала на уроках и вертела в руках то ручку, то карандаши.

— Понимаешь, мама, — рассказывала девочка дома, — это ведь так трудно — целый урок быть послушной. Ладно бы ещё один или два, а то целых пять-шесть уроков! Терпишь, терпишь на уроке, а потом на перемене уже хочется валяться по полу, слова плохие громким голосом кричать, кого-нибудь стукнуть. Понимаешь, мама, я люблю, чтобы весело было, посмеяться можно было, поиграть...

Вы, конечно, скажете, что это была непослушная гадкая девочка, двоечница. Нет, девочка была самая обычная, весёлая, добрая, умная, но просто тяжело ей было высидеть пять уроков в школе. Да ещё и написать в тетради красиво, да ещё и в задачках и примерах ошибку не допустить.

Вы спросите, а какая у девочки была учительница. Да тоже самая обычная. Строгая. Справедливая. Но вы ведь лучше меня знаете, какие бывают учительницы. Вы уже догадались, строгая учительница часто сердилась на девочку.

— Я уже устала от тебя. Не знаю, что с тобой делать… — частенько говорила она.

Девочке в этот момент хотелось сжаться в комочек и сгореть от стыда. Как это — любимая учительница недовольна ею. И она старалась сидеть тихо, не сваливаясь со стула, не делать ошибок, но всё равно кричала, сваливалась со стула, делала ошибки. И в душе её поселился страх. Страх замечаний, страх двоек. И чем чаще боялась девочка строгую учительницу, тем чаще она пропускала буквы в словах, тем сильнее она дралась на переменах. И ничего не могла с собой сделать.

Дошло до того, что на уроках она чувствовала себя маленькой мышкой, которую хочет съесть кровожадный Змей Горыныч.

А потом ей приснился сон. И во сне она сражается со Змеем Горынычем и лупит его.

— Вот тебе за тройку по русскому, вот тебе за звонок маме, вот тебе за замечание в дневнике! Вот тебе! Вот тебе!

А потом вдруг остановилась. Видит, Змей Горыныч плачет. Да так жалобно…

— Я же хотела как лучше! — шепчет она еле слышно. — Я хотела научить тебя.

И тут произошло чудо!

Пожалела девочка Змея Горыныча, погладила его по голове и поняла, что она его совсем не боится. Проснулась девочка, рассмеялась.

— Какая я была глупая! — сказала она сама себе. — Строгая учительница любит меня, просто не всегда понимает, а я её уже не боюсь и никогда не буду бояться.

Что же было дальше?

А дальше девочка выросла, научилась не так часто выкрикивать и не всегда сваливаться со стула. Стала учиться всё лучше и лучше. Ведь она была умница, вы это не забыли? А когда выросла, то пришла в гости к своей старенькой и строгой учительнице — та уже плохо ходила и много болела. Принесла огромный букет роз и сказала:

— Спасибо. Как жаль, что я боялась вас, когда была маленькой.

Учительница обняла её и ответила:

— Я всегда знала, что из тебя выйдет толк, что ты вырастешь добрым, умным, сильным человеком.

Про Ваню, который вырос

Как-то раз Ваня подошёл к зеркалу, посмотрел на себя и удивился.

— Как сильно я вырос, — подумал он. — Наверное, я теперь взрослый. Буду вести себя по-взрослому. Только как себя вести, не знаю. Знаю, что взрослые ходят на работу. Мне вроде бы нельзя — надо в школу. Взрослые многие курят сигареты. Но я не хочу, да и мама заругает. Так как же мне быть взрослым? Понял. Взрослые ведут себя не так, как дети. И я буду вести себя не так, как раньше. Хохотать буду без повода. Глупости говорить. Не слушаться буду — ведь я уже взрослый. Выкрикивать буду, разговаривать на уроке.

И начал Ваня хохотать, выкрикивать, перебивать всех. Смотрит по сторонам. Ждёт, когда его уважать начнут. А его, наоборот, жалеть начали. Бедный мальчик, так хочет быть взрослым. А на самом деле ведёт себя как ребёнок 3 лет — «не хочу, не буду».

А Ваня ещё пуще взрослость свою проявлять начал — дерзит, бумажки по классу разбрасывает. А один раз он такое сделал! Я вам расскажу, только вы это в тайне сохраните. Всю туалетную бумагу размотал и по коридору разбросал. Взрослые долго искали, кто это сделал. Но так и не нашли. И всё бы так и продолжалось, если бы не тот медосмотр. В школе, где учился Ваня, раз в год проводили медосмотр. Взвешивали, рост измеряли. И вот измерила медсестра Ванин рост и испугалась.

— Что такое? — вскрикнула она. — Ты не только не вырос, но в росте уменьшился.

Тут Ваня испугался. Хорошо, что учился он не в обычной школе, а в волшебной. А там всегда бывают волшебные книги. Открыли книгу, а там написано: «Это с теми так бывает, кто глупо взрослость проявляет».

Обиделся Ваня сначала на книгу.

— Надо же, меня глупым назвала. Я же умный, хорошо учусь.

А потом подумал:

— Ведь книга волшебная, она не может ошибаться. Может, я и правда глупо взрослость проявлял. А как по-умному, я и не знаю.

Помогите ребята, Ване. Подскажите, как ему стоит проявлять свою взрослость, чтобы его уважали.

Митькина жизнь

Надоела Митьке его жизнь. В школу каждый день ходить надо, уроки учить. А после школы секции разные, занятия дополнительные.

— Учись сынок, ты ведь у нас умный, — так говорила Митьке мама.

— Учись сынок, в жизни пригодится, — так говорил папа.

А какая жизнь, если она по расписанию построена. Надоела она Митьке. И решил он её поменять. Сначала на переменах упражняться начал. Бузит, мальчишек толкает, девчонок за косы хватает. Хохочет громко до звона в ушах. Потом уроки в новую жизнь включил, на которых учитель не очень строгий. Партой стучать, рожи корчить такие, чтобы ребята про учителя забывали — это было только его начало.

— Как же ещё можно старую жизнь разрушить? — подумал Митька. Полазил он по Интернету и нашёл картинки разные, от которых у самого уши покраснели. Помыл Митька уши холодной водой, а картинки в школу принёс.

— Вот я какой свободный и крутой, — всем своим видом говорил он, демонстрируя их ребятам на прогулке, прячась в густых кустах.

Понравилась Митьке такая новая жизнь и восхищение в глазах ребят.

Стал он придумывать всё новые и новые шалости. То в столовой как будто нечаянно чашку разобьёт, то чай прольёт, а то рассмеется громко со ртом, полным каши.

Но вот однажды приснился Митьке сон. Подходит он к прекрасному замку и войти туда хочет. Видит на воротах надпись «Вход только сильным».

— О, это как раз для меня, — решил он и радостно шагнул к входу.

Но стражник преградил ему путь.

— Но почему? — удивился Митька.

— А ты сам подумай. Правила нарушать, в школе шалить — для этого много силы не надо. Это ведь легко, приятно, не так ли?

— Так, — согласился Митька.

— Вот видишь. А какие поступки ты совершил в своей жизни как сильный человек?

Не понравился Митьке сон. И он проснулся. Но слова, которые там звучали, запомнил.

— Неужели я правда слабый? — долго думал он. А вечером Митька подошёл к маме:

— Не проверяй больше у меня уроки. Сам буду делать. И утром не буди — сам встану. Но тогда я сам буду решать, когда мне спать ложиться и какие книги читать.

Удивилась мама, но посмотрела на него с уважением:

— Хорошо, что ты вырос сынок. Теперь ты сам можешь строить свою жизнь и сам за неё отвечать.

Свободный человек Иван Гавриков и несвободная муха

Иван Гавриков разозлился на весь белый свет. Все его заставляют что-то делать. В школе — учиться непрерывно, смирно сидеть, не драться, не толкаться, не плеваться, не болтать, не возмущать учителя — всего не упомнишь. Дома — опять же учить уроки, пол пылесосить, посуду за собой мыть. И даже к бабушке в выходные поедешь — и она тут же.

— Повтори английский. Почитай книжку. Совсем ты, Ванечка, мало читаешь, один компьютер у тебя в голове.

— Всё! Надоело! Вечно я должен что-то делать! Не буду, — твёрдо решил Иван Гавриков, лёг на диван и принялся разглядывать узор на обоях и ползавшую по стене муху. — Вот мухе хорошо, — подумал он, — свободный она человек, вернее, муха!

Вы, конечно, думаете, что Иван Гавриков тут же превратился в муху? А вот и нет. Смотрел, смотрел он на муху, а потом всего-навсего уснул. Зато сон ему приснился очень нравоучительный, правильный такой сон. Лежит мама на кровати и спит, папа сидит в кресле и газету читает, а бабушка сериалы по ТВ смотрит. Каждый своим делом занимается, а Ивану есть хочется. А холодильник пустой. Папа денег не заработал — не хотел на работу ходить. Мама из остатков продуктов даже каши не сварила — спать ей хотелось. А бабушка Ивановы брюки не постирала, так что к пустому холодильнику он в одних трусах бегал.

— Мы решили стать свободными, — пробурчала мама, когда Иван робко насчет завтрака заикнулся, — отойди, я ещё сегодня долго спать буду.

Сел Иван в одних трусах на холодный пол и зарыдал, потому что есть ему хотелось, но делать ничего он всё равно не стал. И так прошёл первый день, второй день, а на третий приполз Иван к холодильнику, нашёл чёрствую картошку и стал её грызть. Да ещё и с кошкой Жмуркой поделился. Увидела это мама, стало ей стыдно, пошла она кашу варить. Папа на работу собрался, а бабушка стиральную машинку включила. И понял наш Иван Гавриков, что каждый должен что-то делать в меру своих сил, иначе жизнь совсем плохая станет, грустная жизнь.

Открыл Иван Гавриков глаза, посмотрел на муху и сказал:

— Эх, муха, никакой ты не свободный человек. А свободный человек — это я, потому что я сам себя заставляю что-то делать, не мама, не бабушка, а сам.

Так сказал Иван и потянулся за учебником, медленно потянулся, потому что очень это трудно — самому заставлять себя что-то делать.

Чаёнок, который пищал на бане

На берегу озера стояла небольшая баня. Недалеко от неё чайки свили себе гнездо и отложили яйца.

Но однажды, когда они летали за кормом, к гнезду пробралась большая ворона и потаскала все яйца, кроме одного. Родители прилетели и отогнали ворону. Своё единственное яйцо высиживали они с большим волнением. А когда появился чаёнок, то окружили его своей заботой и вниманием.

Вскоре он научился летать и полюбил взлетать на конёк бани, оттуда громко пищать всему миру о том, что он уже почти взрослая чайка. Он, правда, ещё не умел сам добывать себе корм. И к бане то и дело прилетали его родители, приносили ему рыбу. Но вороны уже не трогали его, и чаёнок решил, что он может делать всё на свете, может делать абсолютно всё, что хочет.

Для начала он решил, что баня должна принадлежать только ему, и заткнул ветками трубу. Когда в баню пришли люди и начали её топить, он радостно уселся на трубу и запищал:

— Я, я решаю всё на этом свете.

Однако очень быстро горячий дым прошёл через ветки, и чаёнок подпрыгнул от боли в том месте, которым он сидел. Ему пришлось быстро броситься в воду, чтобы охладить обожжённый хвост. Но сильнее боли была обида от того, что люди топят баню и никто не обращает на него внимания.

В следующий раз он решил наследить на пороге так, чтобы в баню невозможно было войти. Но какая-то женщина вымыла порожек со словами «вот уж эти чайки» и даже не подняла голову в его сторону. А он продолжал грустно пищать на коньке бани.

Через какое-то время она вдруг заметила чаёнка:

— Бедный маленький чаёнок, — сказала женщина. — Он хочет есть, а сам не умеет добывать пищу.

Чаёнок даже подпрыгнул от возмущения.

— Маленький, она назвала меня маленьким. Я же уже вырос и всё могу.

Вскоре к нему подлетела мама с очередной рыбкой.

— Ешь, сынок, — сказала она ласково.

Но он посмотрел на неё немножко грустным взором и твёрдо сказал:

— Спасибо, мама, ешь сама. Я научусь сам добывать себе пищу. Я сумею.

Он полетел над коричневатой рябью озера. И стал пытаться и пытаться увидеть и схватить рыбку. А когда он нашёл и съел её, то полетел к бане и закричал громким криком настоящей чайки, радостным криком победителя.

А женщина выглянула из окна, взглянула на него и сказала:

— Наверное, это наш чаёнок, который стал взрослой красивой большой чайкой. Надо сфотографировать его, чтобы зимой любоваться и вспоминать летнее озеро.

Дедушкин сундук

В углу огромного деревенского дома стоял дедушкин сундук. Когда-то давно дедушка складывал туда разные рыбацкие принадлежности — крючки, поплавки, самоловки и другие нужные мелочи.

Сейчас дедушка перестал ловить рыбу, и его сундуком завладели внуки. Они с удовольствием открывали сундук, перебирали дедушкины вещицы, спрашивали их назначение, а иногда что-то брали с собой на рыбалку. Однажды в дом залетел рыжий шмель.

— Жу-жу, давай знакомиться, — сказал он сундуку. — Я шмель. Зовут меня Жу-Жу — никому не принадлежу, если что — укушу.

— Какое странное у тебя имя, — сказал сундук. — Ну, Жу-Жу мне понятно. Это потому что ты жужжишь. А откуда вторая часть твоего имени?

— А я не люблю, когда мной командуют. Если что, кусаюсь. Поэтому живу один. Это лучше, чем кто-то командовать будет.

Сундук задумался.

— А мною кто-нибудь командует?

— Конечно, — ответил шмель. — Вот пацаны тебя то открывают, то закрывают. А ты всё терпишь.

— Да, я же сундук. Во мне вещи сложены, — ответил сундук. Но задумался.

— Пора мне, — зажужжал шмель, — засиделся я с тобой.

В окно подул свежий ветерок, но сундук не заметил его.

Он продолжал думать.

— Всё, команд больше не потерплю. — решил он,— а то хотят открывают, хотят закрывают — безобразие.

И начал он жить по-другому. Открывают ребята его — он их замком царапнет. Закрывают — по пальцам стукнет. Они кричат. А он думает:

— Вот хорошо, пусть почувствуют, кто в доме хозяин.

А потом и вовсе решил замок сломать. Побегали вокруг него ребята. Попробовали разные ключи в него засовывать. Не помогло. Надоело это им.

Побежали в футбол играть. А вскоре в город уехали — пора было в школу.

Остался сундук один. Никто не командует. А только тоскливо стало ему, пусто на душе.

Стал он вспоминать, как ласково касались его знакомые руки, как звучали весёлые голоса. И вдруг понял он, как он любит ребят и дорожит ими, как мечтает поделиться с ними теми богатствами, которые хранит.

— Только пусть приедут, — молил он, — сразу раскроюсь им.

Так и произошло. В какой-то невероятно противный серый день в комнату вбежал один из мальчиков.

— Ой, сундук, — вскрикнул он и с лёгкостью открыл его крышку.

— Иди сюда, — позвал он брата, — здесь много ценного.

А сундук счастливо открывал для ребят все свои самые потаённые уголки.

Воронёнок Рон

Недалеко от моей дачи вдоль дороги стоят берёзы. Обычно туда ходят дачники в апреле собирать берёзовый сок. На берёзах тех много вороньих гнёзд. И вот именно там, в берёзах, я подслушала эту странную историю.

Однажды весной, как обычно в вороньих гнёздах, появились воронята. Это всегда бывает событием в жизни ворон. Ведь дети — это гордость и радость. Свой ребёнок кажется лучше, умнее, красивее других. Хочется окружить своего заботой и вниманием. Тем более дети такие трогательные, постоянно пищат, просят пищи, ласки.

В одном из гнёзд также появились воронята, и среди них самых горластый воронёнок Рон. Он больше всех требовал внимания родителей, громче всех пищал и резвее всех размахивал крыльями. Может быть, поэтому родители тоже выделяли его.

Мама тщательно причёсывала ему пёрышки, папа рассказывал истории из жизни взрослых, стараясь научить его уму-разуму. Очень нравилась такая жизнь нашему Рону. И когда воронятам пришло время осваивать новую взрослую речь — учиться каркать, Рон задумался: «Если я научусь каркать, то родители уже не будут так заботиться обо мне». И когда все воронята старательно и неумело коркали, керкали, куркали, обучаясь настоящему взрослому кару, он отходил в сторону и громко пищал, наслаждаясь вниманием взрослых, которое доставалось теперь только ему.

Но пошло время, и воронята, повзрослев, один за другим начинали покидать свои гнёзда и отлетать от них всё дальше и дальше. Возвращаясь, они рассказывали удивительные истории: про озеро, которое находится где-то неподалёку. Про станцию с непонятными огромными грохочущими червяками, которыми почему-то нельзя питаться. Про посёлок, в котором зачем-то кроме людей живут собаки, которые любят пугать ворон. И много ещё разных историй рассказывали воронята. А наш Рон, до сих пор остававшийся в гнезде, слушал их и только сердился на родителей.

— Но почему они не выпускают меня, все уже давно летают, — думал он. Он стал капризным, стал перечить родителям, поступать наоборот, только чтобы их разозлить. Родители обижались на него. Они стали часто ссориться.

— Он совсем не думает о нас, — твердили родители.

— Они так надоели своей опёкой, — громко и капризно пищал Рон пролетавшим мимо бабочкам.

И непонятно, как долго бы это длилось. И может быть, вконец рассорился бы Рон с родителями. Только шёл мимо берёз шестиклассник. Поднял голову, а в гнезде огромный воронёнок сидит и пищит.

— Эй, ты чего такой огромный, а всё пищишь. Тебе давно пора каркать, — крикнул мальчишка и пошёл дальше. Рон сначала обиделся на мальчишку, а потом задумался:

— А может быть, и впрямь выучить взрослый язык и начать учиться жить по-взрослому?

Вы уже ждёте в моём рассказе счастливый конец. Думаете, что как только решил Рон стать взрослым, научиться разговаривать с другими по-взрослому, так всё сразу у него и получилось. И родители стали его везде отпускать. Нет, ещё долго пришлось учиться Рону, потому что сказать легко, а сделать труднее. Но любые трудности когда-нибудь кончаются. Это действительно так, потому что позже я видела красивого чёрного ворона, уверенно летящего над лесом.

Страна Суворишь

В стране Суворишь, там, где суровый климат и люди весь год ходят в толстых шубах и шапках, жили люди. И то ли действительно климат был там очень суровый, то ли по какой другой причине, но жили они скучно и однообразно. Все они думали только о том, как бы накопить побольше денег. Когда денег было уже очень много, они искали способы их потратить: купить что-то подороже или съездить подальше. Потом потихоньку старели и так же тихо уходили из жизни. Но там же в стране Суворишь жил наш мальчик, о котором сейчас мы расскажем. Звали его Неудоб, потому что с ним неудобно было родителям и учителям. Вечно он задавал какие-то странные вопросы, не хотел слушать их мудрых советов, а главное, не хотел он жить скучно и однообразно, а хотел изменяться, хотел развиваться, хотел искать и находить в себе новые возможности, хотел делиться искорками своего внутреннего света с окружающими людьми. Но то ли климат не позволял ему изменяться, то ли мешали люди вокруг него, застывшие в однообразном движении по кругу: заработать, потратить, заработать… Но казалось Неудобу, что и он сам здесь не развивается, и пошёл он тогда в дальний путь, чтобы найти людей и страны, которые ему помогут.

В сердце его было много отваги, поэтому он прошёл много стран: тёплых и совсем холодных, солнечных и звёздных. Где-то люди вообще почти не жили, а все действия они исполняли как в полусне. Во сне ходили в школу, на работу, женились и так же старились. Где-то, наоборот, жизнь искрилась и бурлила. Каждая секунда наполнялась людьми чувствами и смыслом. Каждый запах и цвет впитывался и принимался. Каждый человек на пути воспринимался как встреча, как ценность, подарок и знак. Можно сказать, что люди в этой стране пели жизнь, а кто не умел петь, тот танцевал её.

А что же наш Неудоб? Он спал вместе со всеми в Сонной стране, искрился в Искрящейся. Но когда он уходил оттуда, то чувствовал, что приобретает много знаний, но сам всё равно никак не получит доступ к источнику своего развития. «Неужели никто и никогда не поможет мне?» — думал он. А потом вдруг странная мысль посетила его: «Но ведь сонных людей никто не заставляет спать. У них всегда есть возможность сделать глубокий вздох и проснуться. А петь всегда жизнь тоже не всегда просто, потому что очень трудно петь серое утро или мелкий холодный дождь. Так же трудно рассмотреть глубокое сердце за дежурной улыбкой повстречавшегося тебе». И тогда вдруг понял Неудоб, что он уже получил помощь, потому что знает, кто может ему помочь.

Он с сожалением проводил взглядом Искрящуюся страну, помахал рукой Сонной и медленно пошёл по дороге к своей стране. Потому что он нашёл свой Источник развития, доступ к своим силам, возможностям, целям и ценностям. И теперь ему очень хочется рассказать об этом другим. Может быть, им тоже этого захочется. А если очень сильно захочется, значит, они тоже его обязательно найдут.

Содержание